AF314124

VENTE APRÈS DÉCÈS

ATELIER

DE

E. HILLEMACHER

HOTEL DROUOT, SALLE N° 9

Le Samedi 7 Mai 1887

A DEUX HEURES ET DEMIE

M° ESCRIBE

COMMISSAIRE-PRISEUR

6, rue de Hanovre

MM. HARO FRÈRES

PEINTRES-EXPERTS

14, rue Visconti et 20, rue Bonaparte

1887

9818 — BOURLOTON. — Imprimeries réunies, **A**, rue Mignon, 2, Paris.

CATALOGUE

DES

TABLEAUX

ESQUISSES — ÉTUDES — DESSINS

COMPOSANT L'ATELIER

DE

E. HILLEMACHER

DONT LA VENTE AURA LIEU

HOTEL DROUOT, SALLE N° 9

Le Samedi 7 Mai 1887

A DEUX HEURES ET DEMIE

EXPOSITION PUBLIQUE LE VENDREDI 6 MAI 1887

DE UNE HEURE ET DEMIE A CINQ HEURES

Me ESCRIBE
COMMISSAIRE-PRISEUR
6, rue de Hanovre

MM. HARO FRÈRES
PEINTRES-EXPERTS
14, rue Visconti et 20, rue Bonaparte

1887

CONDITIONS DE LA VENTE

Elle sera faite au comptant.

Les acquéreurs payeront *cinq pour cent* en plus du prix d'adjudication.

TABLEAUX

---

1 — Psyché transportée par Zéphire.

Salon de 1850.

2 — Énée et Didon.

L'orage a interrompu la chasse et mis en fuite les chasseurs ; Didon et le chef troyen viennent chercher un abri dans la même caverne.

Salon de 1885.

Signé à gauche et daté 1885.

H., 0,81. L. 0,57.

3 — Edward Jenner faisant ses premières expériences de vaccine à Berkeley (Glocester).

Salon de 1884.
Signé à gauche et daté 1884.

H., 0,70. L., 0,89.

4 -- Lisabetta de Messine.

Les frères de Lisabetta avaient assassiné son amant. Lisabetta, inconsolable, après avoir enveloppé la tête du mort tant regretté dans une étoffe précieuse, la place dans un vase où elle plante un arbuste, qu'elle arrosera de ses larmes jusqu'à ce que la mort vienne mettre fin à sa douleur.

(BOCCACE, j. IV, nouv. 5.)
Signé à droite et daté 1883.
Salon de 1884.

B. — H., 0,46. L., 0,29.

5 — Les Frères de Witt.

Tous deux furent des martyrs. Corneille, soupçonné faussement de complot contre la vie du prince d'Orange, fut mis à la torture;

il eut les pieds broyés, la tête serrée avec des chevilles de fer; fort de son innocence, au milieu des plus horribles souffrances, il récita d'une voix forte la célèbre strophe d'Horace sur la constance du juste que rien ne peut ébranler. Le lendemain il fut assassiné par une populace furieuse. Jean de Witt périt avec lui. Quoique averti du danger qu'il courait, il était venu voir son frère torturé la veille, et il lui lisait la Bible.

Signé à droite et daté 81.

Salon de 1881.

T. — H., 0,81. L., 0,66.

6 — Tarpéia.

Sp. Tarpéius commandait la citadelle de Rome; sa fille est séduite par l'or de Tatius, qui la rencontra comme elle sortait des murs pour puiser l'eau nécessaire aux sacrifices; elle consentit à laisser entrer les Sabins dans la citadelle... La tradition ajoute que les Sabins portaient au bras gauche des bracelets d'or et que la jeune fille avait stipulé qu'ils lui donneraient ce qu'ils avaient à la main gauche; au lieu de ces anneaux, ils jetèrent sur elle leurs boucliers dont le poids l'écrasa. (TITE LIVE, livre I.)

Signé à gauche et daté 1880.

Salon de 1880.

H., 1,05. L., 1,10.

7 — Piccola Moneta : Paysans de la campagne de Rome.

Signé à droite et daté 79.
Salon de 1879.

T. — H., 0,81. L., 0,58.

8 — Phidias.

Il dirige, dans le temple d'Olympie, l'exécution de la statue de Jupiter, faite d'or et d'ivoire, et mesurant 30 pieds de haut.
Salon de 1877.
Signé à droite et daté 77.

T. — H., 0,73. L., 0,54.

9 — Clotilde de Surville.

O cher enfantelet, vrai pourtraict de ton père,
Dors sur le seyn que ta bouche a pressé !
Dors, petiot ! Clos, amy, sur le seyn de ta mère
Ton doux œillet par le somme oppressé.

(Poésies de CLOTILDE DE SURVILLE.)

Salon de 1853.
Signé à gauche et daté.

T. — H., 2,20. L., 1,65.

10 — Chiaruccia : Italienne.

Signé du monogramme à gauche et daté 1846.

H., 0,61. L., 0,51.

11 — Italienne.

Signé du monogramme à droite et daté 46.

H., 0,61. L., 0,51.

12 — Italienne.

Signé à gauche en toutes lettres et daté 1848.

H., 0,61. L., 0,51.

13 — Le vieux Mortimer et Richard Plantagenet.

T. — H., 0,00. L., 0,00.

ESQUISSES

POUR

TABLEAUX EXÉCUTÉS

14 — Les Assiégés de Rouen.

Esquisse pour le tableau qui se trouve au musée de Rouen.

15 — Un Confessionnal de Saint-Pierre de Rome le jour de Pâques.

Esquisse du tableau qui se trouve au musée du Luxembourg.

16 — Psyché aux Enfers,

Esquisse du tableau qui se trouve au musée de Melbourne,

17 — Marguerite d'Anjou.

Esquisse pour le tableau qui se trouve au musée de Montpellier.

18 — Marc-Antoine rapporté mourant à Cléopâtre.

Esquisse du tableau qui se trouve au musée de Grenoble.

19 — Le Bourgeois gentilhomme et ses professeurs.

Esquisse du tableau qui se trouve au musée d'Évreux.

20 — Les Frères de Witt.

Esquisse.

21 — Tarpéia.

Esquisse.

*

22 — Archimède.

Esquisse.

23 — Le petit Jehan de Saintré et la Dame des belles cousines.

Esquisse.

24 — Entrée des Turcs dans Sainte-Sophie en 1453.

Esquisse.

25 — Philippe IV et Velasquez.

Esquisse.

26 — La Belle au Bois dormant.

Esquisse.

27 — Jameray Duval.

Esquisse.

28 — Enfance de Turenne.

Esquisse.

29 — Astolphe et Joconde.

Esquisse.

30 — Boileau et son jardinier.

Esquisse.

31 — Enfance de Jupiter.

Esquisse.

32 — Napoléon Ier, Goethe et Wie-
daln au bal à Weimar.

Esquisse.

33 — Latone et les Paysans.

Esquisse.

34 — Marchande de cierges à l'é-
glise Saint-Laurent à Paris.

Esquisse.

35 — Jeune Mère jouant avec son
enfant.

Esquisse.

36 — La Prière du matin.

Esquisse.

37 — L'Amateur de médailles.

Esquisse.

**38 — Cérès à la recherche de Pro-
serpine.**

Composition en trois parties.
Esquisse.

39 — Le Dante aux Enfers.

Esquisse.

**40 — La Bibliothèque de Don Qui-
chotte.**

Esquisse.

41 — Le Satyre et le Passant.

Esquisse.

ESQUISSES

POUR

TABLEAUX NON EXÉCUTÉS

---

42 — Deux esquisses pour panneaux décoratifs, forme ronde.

43 — Franklin.

44 — Dernier portrait.

45 — Roland furieux.

52 — Laennec faisant la première expérience sur l'auscultation.

53 — Sac de Rome par les Barbares.

54 — Le Bain des chevaux à Dieppe.

55 — Tibère et Caligula.

PAYSAGES

56 — L'ancien Moulin de pierres, 1873. Ault (Somme).

57 — Les quatre Rues, à Ault.

58 — La Barrière, 1874. Ault.

59 — La Route, 1874. Ault.

60 — Le Bois de Cize, 1878. Ault.

61 — Onnival, près Ault (Somme).

62 — Cour de ferme à la Croix-au-
Bailly.

63 — Idem.

64 — Le Calvaire, 1865. Ault.

65 — Les anciens Moulins, 1865.
Ault.

66 — L'Aiguille, 1866. Ault.

67 — La Cabane du douanier. Ault.

68 — Intérieur d'une vieille maison,
1869. Ault.

69 — Vue prise du moulin de Mé-
déric. Ault.

70 — Maison Dufrien, 1869. Ault.

71 — La vieille Élisabeth, porteuse
de crevettes.

72 — Vue prise à Beuzeval (Calvados).

73 — Les Vaches noires.

74 — Le Ruisseau.

75 — Vue panoramique de la Dives
(Calvados).

76 — Vue prise à Yport.

77 — L'Arc de Constantin.

78 — Vue prise à Pompéi.

79 — Vue prise à Héricy, près Fontainebleau, 1860.

80 — Au Bas-Samois.

81 — Port du Bas-Samois.

82 — La Brosse, près Héricy.

83 — La Seine, au Bas-Samois,

84 — Chemin des Plâtreries, près Samois.

85 — Ile du Bas-Samois.

86 — Suite de dix-huit dessins pour illustration de l'Enfer.

87 — Suite de dix-huit dessins pour l'Enfer.

88 — Quatre gravures de Wilkie :

The Rent Day.
The Blind Fiddler.

Gravées par Burnet et Rambach.

89 — Village politicians :
The Cut Finger.

90 — Shakespeare :

18 dessins pour les Comédies.
18 dessins pour les Drames.

91 — Énéide.

16 dessins pour l'Énéide.

92 — Trois sous-verres. Dessins et Aquarelles.

Études pour le tableau du « Confessionnal ».

93 — Un sous-verre contenant plusieurs dessins pour le tableau « les Assiégés de Rouen ».

94 — Plusieurs sous-verres, dessins et esquisses pour des travaux exécutés.

95 — Dessins et études pour les tableaux suivants :

1° Jenner.
2° Le Bourgeois gentilhomme.
3° Jameray Duval.
4° Jehan de Saintré.
5° Astolphe et Joconde.
6° Gutenberg.
7° Vélasquez.
8° Cérès.
9° La Belle au Bois dormant.
10° Entrée des Turcs dans Sainte-Sophie.
11° Le Satyre et le Passant.
12° La Partie de whist.
13° Le jeune Mozart.
14° Une Marchande de cierges.

INGRES

96 — Un dessin, étude de femme.

PETIT (Eug.)

97 — Fruits.

Salon de 1867.

T. — H. 1ᵐ,50. L., 2ᵐ,00.

REY (Louis)

98 — Trois dessus de porte.

MATÉRIEL D'ATELIER

99 — Armoire normande en chêne.

H., 2^m,17. L., 1^m,52.

100 — Un paravent à trois feuilles, peint par L. Rey.

101 — Tapisserie du xvie siècle.

102 — Sous ce numéro des chevalets, cartons, etc., etc.

9848. — BOURLOTON, Imprimeries réunies, A, rue Mignon, 2, Paris.